ARBEITSBLÄTTER FÜR KOGNITIVE VERHALTENSTHERAPIE FÜR SÜCHTIGE

CBT-Arbeitsbuch, um mit Stress, Angst, Wut, Stimmung kontrollieren, neue Verhaltensweisen lernen & Emotionen regulieren

PORTIA CRUISE

Haftungsausschluss

Die darin gefundenen Ratschläge und Strategien sind möglicherweise nicht für jede Situation geeignet. Dieses Werk wird unter der Voraussetzung verkauft, dass weder der Autor noch der Herausgeber für die Ergebnisse verantwortlich gemacht werden, die aus der Beratung in diesem Buch stammen.

Informationen zum Arbeitsblatt

Herzlichen Glückwunsch zum Abrufen dieser CBT-Arbeitsmappe. Sie können den Fortschritt Ihrer Therapie mit Cognitive Behavioral Therapy mit diesem Logbuch überwachen und die Gedanken aufzeichnen, die Sie für verschiedene Situationen haben.

Ein CBT-Arbeitsblatt (auch als Gedankendatensatz bezeichnet) kann Ihnen helfen, über Ihr Denken nachzudenken. Es ist ein wesentliches Werkzeug für die kognitive Therapie, das eine Reihe von Fragen enthält, die darauf abzielen, Sie Schritt für Schritt durch den Prozess der Identifizierung Ihres negativen Denkens und der enktionisieren.

Es kann von denen verwendet werden, die unter vielen psychischen Gesundheitlichen Herausforderungen leiden, die, aber nicht beschränkt auf Schlaflosigkeit, Borderline Persönlichkeitsstörung, Zwangsstörung (OCD) Psychose, Angst, bipolare Störung, Essstörungen - wie Anorexie und Bulimie, Phobien, Schizophrenie, Depression, Panikstörung, Alkoholmissbrauch und posttraumatische Belastungsstörung (PTSD).

Die Erfahrung hat gezeigt, dass es besser ist, die Details Ihrer Aktivität so schnell wie möglich in das Logbuch einzugeben, wenn die Informationen noch frisch in Ihrem Gedächtnis sind.

Dieses Logbuch ist mehr als nur eine Aufzeichnung Ihrer Gedankenaufzeichnungen, es deckt auch Ihre Aktionspläne und mögliche Verbesserungen ab, die Sie vornehmen möchten.

Arbeitsblätter für kognitive Verhaltenstherapie ist ein zuverlässiger Partner auf Ihrer Reise, um das Beste aus Ihren therapeutischen Sitzungen herauszubekommen.

Viel Glück in Ihrem Heilungsprozess!!!

Persönliche Daten

Namen:	
Alter:	
Diagnoseproblem:	
Adresse:	
Stadt:	
Telefonnummer:	
Notfall-Kontaktnummer:	
Institut für psychische Gesundheit:	
Dr. in Charge	

Persönliche Ziele

Ziel der Therapie

Definieren von Meilensteinen

Motivation definieren

Bestimmen des Zieldatums

Verwenden dieses Arbeitsblatts

Dieses Arbeitsblatt sollte unter anleitung eines geeigneten Arztes verwendet werden.

Die ersten drei Schritte helfen Ihnen in der Regel, die wesentlichen Dinge, die Sie ändern müssen, richtig zu identifizieren und sollten als Motivation verwendet werden.

1. Die Situation

Dieser wichtige Schritt wird verwendet, um kurz die spezifische Situation zu beschreiben, die zu Ihren unangenehmen Gefühlen geführt hat. Es soll sicherstellen, dass Sie die Situation nicht vergessen, wenn Sie später Ihre Notizen überprüfen.

Beispiel: Bei einer gesellschaftlichen Veranstaltung heute habe ich etwas gesagt, was ich für unangemessen halte. Ich fühlte mich beschämt und später fühlte ich mich ängstlich, darüber nachzudenken

2. Erster Gedanke

Dieser nächste Schritt wird verwendet, um die ersten Gedanken zu beschreiben, die in ihrem Geist als Folge der Situation eintraten. Es könnte durchaus eine unbewusste Antwort auf Gedanken von etwas sein, das sie zuvor hatten.

Beispiel: Ich fühle mich wie ein elendes Versagen. Ich bin besorgt, dass die Leute mich richten werden. Ich hasse es, dieses ausgeprägte Gefühl zu haben, dumme Fehler zu machen.

3. Gedankenfolgen

Sie implementieren diesen Schritt, um zu ermitteln, warum sie diese Denkweise ändern wollen und welche möglichen Folgen es gibt, wenn Sie sich nicht ändern. Hier bestimmen Sie, was die physischen, beruflichen, psychologischen und Beziehungsfolgen sind.

Beispiel: Wenn ich diese unangemessene Art, mich selbst zu denken und zu verprügeln, nicht aufhöre, könnte ich elend werden. Meine Negativität könnte sich gleichermaßen auf meine Gesundheit und meine Beziehungen auswirken. Wenn ich nicht aufhöre zu glauben, dass ich ein unmittelbarer Misserfolg bin, könnte ich am Ende meine Selbstachtung verlieren und anfangen, mich wie ein echter Misserfolg zu verhalten.

Diese nächsten 3 Schritte (4-6) helfen Ihnen in der Regel zu erkennen, dass Ihre negativen Gedanken keine Fakten haben, die sie unterstützen, sondern von bestimmten falschen Überzeugungen getrieben werden, die Sie während ihres Erwachsenwerdens erworben haben.

4. Fordern Sie Ihren anfänglichen Gedanken heraus

In diesem Schritt fordern Sie sich selbst heraus, objektiv zu bestimmen, ob diese spezifische Denkweise jemals für Sie in der Vergangenheit von Vorteil war. Hier bestimmen Sie richtig die spezifischen Fakten, die Ihren anfänglichen Gedanken herausfordern oder unterstützen und graben Ihre persönliche Stärke aus, die Sie zweifellos übersehen haben. Wenn sich jemand anderes in einer solchen Situation befindet, welchen möglichen Rat würden Sie der Person geben?

Beispiel: Wenn ich absichtlich versuche, perfekt zu sein, fühle ich mich zu hart für mich selbst, was mich immer überwältigt macht. Ich denke, ich muss wirklich nicht perfekt sein, schließlich sind die meisten Menschen, die sich ständig verprügeln, am Ende unsicher und nervös im Vergleich zu

5. Negatives Denken

Sie können diese Spalte verwenden, um die Art von negativem Denken zusammenzufassen, das Ihren ersten Gedanken ausgelöst hat. Sie nutzen diese Gelegenheit, um eine oder mehrere der grundlegenden Arten von negativem Denken sorgfältig zu identifizieren: should-statements, mind-reading, catastrophizing, focusing on the negatives, negative self-labeling, all-or-nothing.

Beispiel: Ich konzentrierte mich nur auf die Negative und glaubte, dass aus meiner Situation nichts Gutes herauskommen könnte. Ich war katastrophal.

6. Hintergrund

Dieser Schritt ist ein optionaler, aber sehr nützlich bei dem Versuch, die Ursache Ihrer Gedanken zu identifizieren. Sie erreichen dies, indem Sie in der Zeit zurückgehen, als Sie zum ersten Mal mit dieser Art von Gedanken als der erste Gedanke, der Ihnen in den Sinn kommt, wenn Sie mit solchen Situationen konfrontiert, so dass Sie erkennen können, wie tief die Wurzeln gehen. Sie versuchen auch, sich an jemanden zu erinnern, den Sie kennen, der auch auf diese Weise gründet. Sie tun dies, damit Sie bestimmen, wie viel Einfluss dies auf Sie hatte.

Beispiel: Ich höre immer noch regelmäßig die vertraute Stimme meiner Eltern sagen, dass ich nie etwas sein werde.

Sie nutzen die nächsten 2 Schritte (7-8), um positivere Denkweisen zu finden und mit großartigen positiven Affirmationen zu kommen, um sich selbst zu erheben.

7. Alternatives Denken

Nun, da Sie beginnen, Ihr negatives Denken besser zu verstehen, ist es zeitzubestimmen, wie Sie, wenn Sie eine weitere Chance gegeben hätten, die Situation besser hätten bewältigen können, indem Sie alle negativen Annahmen entfernen und stattdessen an positive Fakten oder Möglichkeiten denken, die Sie möglicherweise ignoriert haben.

Beispiel: Ich muss nur danach streben, besser zu sein, was ich tue, und muss nicht perfekt sein, da niemand wirklich ist. Ich besitze zweifellos einzigartige Stärken, die unzählige andere zu schätzen wissen. Ich merke, dass ich mich immer besser fühle, wenn ich freundlich zu mir selbst bin und gut daran tun werde, dieses negative Denken loszuwerden.

8. Positiver Glaube und Bejahung

Jetzt ist es an der Zeit, Schritte zu unternehmen, um mit der Heilung zu beginnen. Schließen Sie verschiedene Affirmationen an, die darauf abzielen, ein positives Bild von sich selbst zu bilden, um einen verbesserten gesunden Ansatz zum Leben widerzuspiegeln, den Sie auch als zukünftige Referenz verwenden können.

Beispiel: Ich bin eine erstaunliche Person mit viel Kraft und positiver Stimmung.

Die nächsten beiden Schritte (9-10) können Ihnen helfen, das neue Denken zu nutzen, das Sie natürlich aus den vorherigen Schritten erworben haben, um Ihr Leben besser zu machen.

9. Aktionsplan

Die Essenz dieses nächsten Schritts ist es, ihr erhöhtes Bewusstsein zu nutzen und zu bestimmen, wie ihr handeln wollt, wenn diese Situation wieder auftaucht, damit ihr die besten Wege lernen könnt, eure natürlichen Tendenzen zu überwinden und besser gerüstet seid, mit der Situation umzugehen. Denken Sie an all die außergewöhnlichen Stärken, die Sie in Bezug auf die Situation haben, und schreiben Sie sie auf. Erarbeiten Sie, wie Sie mit Triggern umgehen können, die Sie dazu bringen, zu Ihren alten Gewohnheiten zurückzukehren.

Beispiel: Jedes Mal, wenn ich in ein soziales Umfeld gehe, werde ich mich subtil daran erinnern, dass es mir nichts nützt, hart an mir selbst zu sein, und in Situationen, in denen ich ausnahmslos Fehler mache, werde ich versuchen, nicht auf den Negativen zu verweilen, indem ich mich an meinen früheren Erfolg in ähnlicher Umschneidung erinnere. Ances. Ich werde zuerst freundlich zu mir selbst und dann zu anderen sein.

9. Verbesserung

Dieser wichtige Schritt wird verwendet, um die Grundidee positiv zu stärken, dass freiwillige Veränderung Ihres Denkens Ihr Leben verändern kann. Sie nutzen dies, um sich selbst von der Notwendigkeit zu erzählen, sich schrittweise zu verbessern und generell optimistisch zu sein, was das Leben bietet.

Jedes Mal, wenn Sie eine Denkaufzeichnung füllen, werden Sie natürlich nach einer Weile bemerken, dass bestimmte Dinge als Teil der anfänglichen Gedanken und der Kette von Ereignissen, die danach passieren, immer wieder vorkommen. Sie werden auch feststellen, dass es für Sie immer einfacher wird, Ihre negativen Gedanken zu identifizieren und mit Alternativen zu kommen, die besser für Sie sind.

Arbeitsblätter für die kognitive Verhaltenstherapie

Datum: _____/_____/______

Situation	
Erster Gedanke	
Gedankenfolgen	
Fordern Sie Ihren anfänglichen Gedanken heraus	
Negatives Denken	
Hintergrund	
Alternatives Denken	
Positiver Glaube und Affirmation	
Aktionsplan	
Verbesserung	

Dr es Notes: ____

____

Namen: _______________   Datum: _______________   Signatur: _______________

Arbeitsblätter für die kognitive Verhaltenstherapie

Datum: _____/_____/______

Situation	
Erster Gedanke	
Gedankenfolgen	
Fordern Sie Ihren anfänglichen Gedanken heraus	
Negatives Denken	
Hintergrund	
Alternatives Denken	
Positiver Glaube und Affirmation	
Aktionsplan	
Verbesserung	

Dr es Notes: ____

____

Namen: _______________   Datum: _______________   Signatur: _______________

Arbeitsblätter für die kognitive Verhaltenstherapie

Datum: _____/_____/______

Situation	
Erster Gedanke	
Gedankenfolgen	
Fordern Sie Ihren anfänglichen Gedanken heraus	
Negatives Denken	
Hintergrund	
Alternatives Denken	
Positiver Glaube und Affirmation	
Aktionsplan	
Verbesserung	

Dr es Notes: ____

____

Namen: _______________ Datum: _______________ Signatur: _______________

Arbeitsblätter für die kognitive Verhaltenstherapie

Datum: _____/_____/_______

Situation	
Erster Gedanke	
Gedankenfolgen	
Fordern Sie Ihren anfänglichen Gedanken heraus	
Negatives Denken	
Hintergrund	
Alternatives Denken	
Positiver Glaube und Affirmation	
Aktionsplan	
Verbesserung	

Dr es Notes: ____

____

Namen: _______   Datum: _______   Signatur: _______

Arbeitsblätter für die kognitive Verhaltenstherapie

Datum: _____/_____/______

Situation	
Erster Gedanke	
Gedankenfolgen	
Fordern Sie Ihren anfänglichen Gedanken heraus	
Negatives Denken	
Hintergrund	
Alternatives Denken	
Positiver Glaube und Affirmation	
Aktionsplan	
Verbesserung	

Dr es Notes: ____

____

Namen: _______________ Datum: _______________ Signatur: _______________

____

Arbeitsblätter für die kognitive Verhaltenstherapie

Datum: _____/_____/_______

Situation	
Erster Gedanke	
Gedankenfolgen	
Fordern Sie Ihren anfänglichen Gedanken heraus	
Negatives Denken	
Hintergrund	
Alternatives Denken	
Positiver Glaube und Affirmation	
Aktionsplan	
Verbesserung	

Dr es Notes: ____

____

Namen: ______________ Datum: ______________ Signatur: ______________

Arbeitsblätter für die kognitive Verhaltenstherapie

Datum: ____/____/_____

Situation	
Erster Gedanke	
Gedankenfolgen	
Fordern Sie Ihren anfänglichen Gedanken heraus	
Negatives Denken	
Hintergrund	
Alternatives Denken	
Positiver Glaube und Affirmation	
Aktionsplan	
Verbesserung	

Dr es Notes: __________________________________

____

Namen: ____________ Datum: __________ Signatur: __________

Arbeitsblätter für die kognitive Verhaltenstherapie

Datum: ____/____/______

Situation	
Erster Gedanke	
Gedankenfolgen	
Fordern Sie Ihren anfänglichen Gedanken heraus	
Negatives Denken	
Hintergrund	
Alternatives Denken	
Positiver Glaube und Affirmation	
Aktionsplan	
Verbesserung	

Dr es Notes: ____

____

Namen: _______________ Datum: _______________ Signatur: _______________

Arbeitsblätter für die kognitive Verhaltenstherapie

Datum: _____/_____/________

Situation	
Erster Gedanke	
Gedankenfolgen	
Fordern Sie Ihren anfänglichen Gedanken heraus	
Negatives Denken	
Hintergrund	
Alternatives Denken	
Positiver Glaube und Affirmation	
Aktionsplan	
Verbesserung	

Dr es Notes: ____

____

Namen: __________   Datum: __________   Signatur: __________

Arbeitsblätter für die kognitive Verhaltenstherapie

Datum: _____/_____/_______

Situation	
Erster Gedanke	
Gedankenfolgen	
Fordern Sie Ihren anfänglichen Gedanken heraus	
Negatives Denken	
Hintergrund	
Alternatives Denken	
Positiver Glaube und Affirmation	
Aktionsplan	
Verbesserung	

Dr es Notes: ____

____

Namen: _______________ Datum: _______________ Signatur: _______________

____

Arbeitsblätter für die kognitive Verhaltenstherapie

Datum: _____/_____/_______

Situation	
Erster Gedanke	
Gedankenfolgen	
Fordern Sie Ihren anfänglichen Gedanken heraus	
Negatives Denken	
Hintergrund	
Alternatives Denken	
Positiver Glaube und Affirmation	
Aktionsplan	
Verbesserung	

Dr es Notes: ____

____

Namen: _______________   Datum: _______________   Signatur: _______________

Arbeitsblätter für die kognitive Verhaltenstherapie

Datum: _____/_____/_______

Situation	
Erster Gedanke	
Gedankenfolgen	
Fordern Sie Ihren anfänglichen Gedanken heraus	
Negatives Denken	
Hintergrund	
Alternatives Denken	
Positiver Glaube und Affirmation	
Aktionsplan	
Verbesserung	

Dr es Notes: ____

____

Namen: _______________   Datum: _______________   Signatur: _______________

Arbeitsblätter für die kognitive Verhaltenstherapie

Datum: ____/____/______

Situation	
Erster Gedanke	
Gedankenfolgen	
Fordern Sie Ihren anfänglichen Gedanken heraus	
Negatives Denken	
Hintergrund	
Alternatives Denken	
Positiver Glaube und Affirmation	
Aktionsplan	
Verbesserung	

Dr es Notes: ____

____

Namen: __________   Datum: __________   Signatur: __________

Arbeitsblätter für die kognitive Verhaltenstherapie

Datum: _____/_____/______

Situation	
Erster Gedanke	
Gedankenfolgen	
Fordern Sie Ihren anfänglichen Gedanken heraus	
Negatives Denken	
Hintergrund	
Alternatives Denken	
Positiver Glaube und Affirmation	
Aktionsplan	
Verbesserung	

Dr es Notes: ____

____

Namen: ______________ Datum: ______________ Signatur: ______________

Arbeitsblätter für die kognitive Verhaltenstherapie

Datum: _____/_____/______

Situation	
Erster Gedanke	
Gedankenfolgen	
Fordern Sie Ihren anfänglichen Gedanken heraus	
Negatives Denken	
Hintergrund	
Alternatives Denken	
Positiver Glaube und Affirmation	
Aktionsplan	
Verbesserung	

Dr es Notes: ____

____

Namen: _______________ Datum: _______________ Signatur: _______________

Arbeitsblätter für die kognitive Verhaltenstherapie

Datum: ____/____/______

Situation	
Erster Gedanke	
Gedankenfolgen	
Fordern Sie Ihren anfänglichen Gedanken heraus	
Negatives Denken	
Hintergrund	
Alternatives Denken	
Positiver Glaube und Affirmation	
Aktionsplan	
Verbesserung	

Dr es Notes: ____

____

Namen: _______________   Datum: _______________   Signatur: _______________

Arbeitsblätter für die kognitive Verhaltenstherapie

Datum: _____ / _____ / _______

Situation	
Erster Gedanke	
Gedankenfolgen	
Fordern Sie Ihren anfänglichen Gedanken heraus	
Negatives Denken	
Hintergrund	
Alternatives Denken	
Positiver Glaube und Affirmation	
Aktionsplan	
Verbesserung	

Dr es Notes: ____

____

Namen: _______________   Datum: _______________   Signatur: _______________

Arbeitsblätter für die kognitive Verhaltenstherapie

Datum: _____/_____/_______

Situation	
Erster Gedanke	
Gedankenfolgen	
Fordern Sie Ihren anfänglichen Gedanken heraus	
Negatives Denken	
Hintergrund	
Alternatives Denken	
Positiver Glaube und Affirmation	
Aktionsplan	
Verbesserung	

Dr es Notes: ____

____

Namen: _______ Datum: _______ Signatur: _______

Arbeitsblätter für die kognitive Verhaltenstherapie

Datum: _____/_____/______

Situation	
Erster Gedanke	
Gedankenfolgen	
Fordern Sie Ihren anfänglichen Gedanken heraus	
Negatives Denken	
Hintergrund	
Alternatives Denken	
Positiver Glaube und Affirmation	
Aktionsplan	
Verbesserung	

Dr es Notes: ____

____

Namen: _____________   Datum: _____________   Signatur: _____________

Arbeitsblätter für die kognitive Verhaltenstherapie

Datum: _____/_____/______

Situation	
Erster Gedanke	
Gedankenfolgen	
Fordern Sie Ihren anfänglichen Gedanken heraus	
Negatives Denken	
Hintergrund	
Alternatives Denken	
Positiver Glaube und Affirmation	
Aktionsplan	
Verbesserung	

Dr es Notes: ____

____

Namen: _______________ Datum: _______________ Signatur: _______________

Arbeitsblätter für die kognitive Verhaltenstherapie

Datum: ____/____/______

Situation	
Erster Gedanke	
Gedankenfolgen	
Fordern Sie Ihren anfänglichen Gedanken heraus	
Negatives Denken	
Hintergrund	
Alternatives Denken	
Positiver Glaube und Affirmation	
Aktionsplan	
Verbesserung	

Dr es Notes: ____

____

Namen: _______________ Datum: __________ Signatur: __________

Arbeitsblätter für die kognitive Verhaltenstherapie

Datum: _____/_____/______

Situation	
Erster Gedanke	
Gedankenfolgen	
Fordern Sie Ihren anfänglichen Gedanken heraus	
Negatives Denken	
Hintergrund	
Alternatives Denken	
Positiver Glaube und Affirmation	
Aktionsplan	
Verbesserung	

Dr es Notes: ____

____

Namen: __________ Datum: __________ Signatur: __________

Arbeitsblätter für die kognitive Verhaltenstherapie

Datum: _____/_____/______

Situation	
Erster Gedanke	
Gedankenfolgen	
Fordern Sie Ihren anfänglichen Gedanken heraus	
Negatives Denken	
Hintergrund	
Alternatives Denken	
Positiver Glaube und Affirmation	
Aktionsplan	
Verbesserung	

Dr es Notes: ____

____

Namen: _______________   Datum: _______________   Signatur: _______________

Arbeitsblätter für die kognitive Verhaltenstherapie

Datum: _____/_____/_______

Situation	
Erster Gedanke	
Gedankenfolgen	
Fordern Sie Ihren anfänglichen Gedanken heraus	
Negatives Denken	
Hintergrund	
Alternatives Denken	
Positiver Glaube und Affirmation	
Aktionsplan	
Verbesserung	

Dr es Notes: ____

____

Namen: ______________ Datum: ______________ Signatur: ______________

Arbeitsblätter für die kognitive Verhaltenstherapie

Datum: _____/_____/______

Situation	
Erster Gedanke	
Gedankenfolgen	
Fordern Sie Ihren anfänglichen Gedanken heraus	
Negatives Denken	
Hintergrund	
Alternatives Denken	
Positiver Glaube und Affirmation	
Aktionsplan	
Verbesserung	

Dr es Notes: ____

____

Namen: ___________   Datum: ___________   Signatur: ___________

Arbeitsblätter für die kognitive Verhaltenstherapie

Datum: _____/_____/______

Situation	
Erster Gedanke	
Gedankenfolgen	
Fordern Sie Ihren anfänglichen Gedanken heraus	
Negatives Denken	
Hintergrund	
Alternatives Denken	
Positiver Glaube und Affirmation	
Aktionsplan	
Verbesserung	

Dr es Notes: ____

____

Namen: ___________ Datum: ___________ Signatur: ___________

____

Arbeitsblätter für die kognitive Verhaltenstherapie

Datum: _____/_____/_______

Situation	
Erster Gedanke	
Gedankenfolgen	
Fordern Sie Ihren anfänglichen Gedanken heraus	
Negatives Denken	
Hintergrund	
Alternatives Denken	
Positiver Glaube und Affirmation	
Aktionsplan	
Verbesserung	

Dr es Notes: ____

____

Namen: _______________   Datum: _______________   Signatur: _______________

Arbeitsblätter für die kognitive Verhaltenstherapie

Datum: ____/____/______

Situation	
Erster Gedanke	
Gedankenfolgen	
Fordern Sie Ihren anfänglichen Gedanken heraus	
Negatives Denken	
Hintergrund	
Alternatives Denken	
Positiver Glaube und Affirmation	
Aktionsplan	
Verbesserung	

Dr es Notes: ____

____

Namen: _____________ Datum: _____________ Signatur: _____________

Arbeitsblätter für die kognitive Verhaltenstherapie

Datum: _____ / _____ / _______

Situation	
Erster Gedanke	
Gedankenfolgen	
Fordern Sie Ihren anfänglichen Gedanken heraus	
Negatives Denken	
Hintergrund	
Alternatives Denken	
Positiver Glaube und Affirmation	
Aktionsplan	
Verbesserung	

Dr es Notes: ____

____

Namen: _____________ Datum: _____________ Signatur: _____________

Arbeitsblätter für die kognitive Verhaltenstherapie

Datum: ____/____/______

Situation	
Erster Gedanke	
Gedankenfolgen	
Fordern Sie Ihren anfänglichen Gedanken heraus	
Negatives Denken	
Hintergrund	
Alternatives Denken	
Positiver Glaube und Affirmation	
Aktionsplan	
Verbesserung	

Dr es Notes: ________________________________

____

Namen: ___________ Datum: ___________ Signatur: ___________

Arbeitsblätter für die kognitive Verhaltenstherapie

Datum: _____/_____/_______

Situation	
Erster Gedanke	
Gedankenfolgen	
Fordern Sie Ihren anfänglichen Gedanken heraus	
Negatives Denken	
Hintergrund	
Alternatives Denken	
Positiver Glaube und Affirmation	
Aktionsplan	
Verbesserung	

Dr es Notes: ____

____

Namen: ______________   Datum: ______________   Signatur: ______________

Arbeitsblätter für die kognitive Verhaltenstherapie

Datum: _____/_____/______

Situation	
Erster Gedanke	
Gedankenfolgen	
Fordern Sie Ihren anfänglichen Gedanken heraus	
Negatives Denken	
Hintergrund	
Alternatives Denken	
Positiver Glaube und Affirmation	
Aktionsplan	
Verbesserung	

Dr es Notes: ____

____

Namen: ___________   Datum: ___________   Signatur: ___________

Arbeitsblätter für die kognitive Verhaltenstherapie

Datum: ____/____/______

Situation	
Erster Gedanke	
Gedankenfolgen	
Fordern Sie Ihren anfänglichen Gedanken heraus	
Negatives Denken	
Hintergrund	
Alternatives Denken	
Positiver Glaube und Affirmation	
Aktionsplan	
Verbesserung	

Dr es Notes: ____

____

Namen: _____________ Datum: _____________ Signatur: _____________

Arbeitsblätter für die kognitive Verhaltenstherapie

Datum: _____/_____/_______

Situation	
Erster Gedanke	
Gedankenfolgen	
Fordern Sie Ihren anfänglichen Gedanken heraus	
Negatives Denken	
Hintergrund	
Alternatives Denken	
Positiver Glaube und Affirmation	
Aktionsplan	
Verbesserung	

Dr es Notes: ____

____

Namen: _______________ Datum: _______________ Signatur: _______________

Arbeitsblätter für die kognitive Verhaltenstherapie

Datum: _____/_____/_______

Situation	
Erster Gedanke	
Gedankenfolgen	
Fordern Sie Ihren anfänglichen Gedanken heraus	
Negatives Denken	
Hintergrund	
Alternatives Denken	
Positiver Glaube und Affirmation	
Aktionsplan	
Verbesserung	

Dr es Notes: ____

____

Namen: _______________ Datum: _______________ Signatur: _______________

Arbeitsblätter für die kognitive Verhaltenstherapie

Datum: _____/_____/______

Situation	
Erster Gedanke	
Gedankenfolgen	
Fordern Sie Ihren anfänglichen Gedanken heraus	
Negatives Denken	
Hintergrund	
Alternatives Denken	
Positiver Glaube und Affirmation	
Aktionsplan	
Verbesserung	

Dr es Notes: ____

____

Namen: _______________   Datum: _______________   Signatur: _______________

Arbeitsblätter für die kognitive Verhaltenstherapie

Datum: _____/_____/_______

Situation	
Erster Gedanke	
Gedankenfolgen	
Fordern Sie Ihren anfänglichen Gedanken heraus	
Negatives Denken	
Hintergrund	
Alternatives Denken	
Positiver Glaube und Affirmation	
Aktionsplan	
Verbesserung	

Dr es Notes: ____

____

Namen: ______________ Datum: ______________ Signatur: ______________

Arbeitsblätter für die kognitive Verhaltenstherapie

Datum: _____/_____/______

Situation	
Erster Gedanke	
Gedankenfolgen	
Fordern Sie Ihren anfänglichen Gedanken heraus	
Negatives Denken	
Hintergrund	
Alternatives Denken	
Positiver Glaube und Affirmation	
Aktionsplan	
Verbesserung	

Dr es Notes: _______________________________________

____

Namen: ___________ Datum: ___________ Signatur: ___________

Arbeitsblätter für die kognitive Verhaltenstherapie

Datum: _____/_____/_______

Situation	
Erster Gedanke	
Gedankenfolgen	
Fordern Sie Ihren anfänglichen Gedanken heraus	
Negatives Denken	
Hintergrund	
Alternatives Denken	
Positiver Glaube und Affirmation	
Aktionsplan	
Verbesserung	

Dr es Notes: ____

____

Namen: _______________ Datum: _______________ Signatur: _______________

Arbeitsblätter für die kognitive Verhaltenstherapie

Datum: ____/____/______

Situation	
Erster Gedanke	
Gedankenfolgen	
Fordern Sie Ihren anfänglichen Gedanken heraus	
Negatives Denken	
Hintergrund	
Alternatives Denken	
Positiver Glaube und Affirmation	
Aktionsplan	
Verbesserung	

Dr es Notes: ____

____

Namen: ________________ Datum: ________________ Signatur: ________________

Arbeitsblätter für die kognitive Verhaltenstherapie

Datum: _____/_____/______

Situation	
Erster Gedanke	
Gedankenfolgen	
Fordern Sie Ihren anfänglichen Gedanken heraus	
Negatives Denken	
Hintergrund	
Alternatives Denken	
Positiver Glaube und Affirmation	
Aktionsplan	
Verbesserung	

Dr es Notes: ____

____

Namen: ______________ Datum: ______________ Signatur: ______________

Arbeitsblätter für die kognitive Verhaltenstherapie

Datum: _____/_____/_______

Situation	
Erster Gedanke	
Gedankenfolgen	
Fordern Sie Ihren anfänglichen Gedanken heraus	
Negatives Denken	
Hintergrund	
Alternatives Denken	
Positiver Glaube und Affirmation	
Aktionsplan	
Verbesserung	

Dr es Notes: ____

____

Namen: _______________ Datum: _______________ Signatur: _______________

Arbeitsblätter für die kognitive Verhaltenstherapie

Datum: _____/_____/_______

Situation	
Erster Gedanke	
Gedankenfolgen	
Fordern Sie Ihren anfänglichen Gedanken heraus	
Negatives Denken	
Hintergrund	
Alternatives Denken	
Positiver Glaube und Affirmation	
Aktionsplan	
Verbesserung	

Dr es Notes: ____

____

Namen: _____________   Datum: _____________   Signatur: _____________

Arbeitsblätter für die kognitive Verhaltenstherapie

Datum: _____/_____/______

Situation	
Erster Gedanke	
Gedankenfolgen	
Fordern Sie Ihren anfänglichen Gedanken heraus	
Negatives Denken	
Hintergrund	
Alternatives Denken	
Positiver Glaube und Affirmation	
Aktionsplan	
Verbesserung	

Dr es Notes: ____

____

Namen: ________________   Datum: ________________   Signatur: ________________

Arbeitsblätter für die kognitive Verhaltenstherapie

Datum: ____/____/______

Situation	
Erster Gedanke	
Gedankenfolgen	
Fordern Sie Ihren anfänglichen Gedanken heraus	
Negatives Denken	
Hintergrund	
Alternatives Denken	
Positiver Glaube und Affirmation	
Aktionsplan	
Verbesserung	

Dr es Notes: ____

____

Namen: _____________ Datum: _____________ Signatur: _____________

Arbeitsblätter für die kognitive Verhaltenstherapie

Datum: ____/____/______

Situation	
Erster Gedanke	
Gedankenfolgen	
Fordern Sie Ihren anfänglichen Gedanken heraus	
Negatives Denken	
Hintergrund	
Alternatives Denken	
Positiver Glaube und Affirmation	
Aktionsplan	
Verbesserung	

Dr es Notes: ____

____

Namen: ____________   Datum: ____________   Signatur: ____________

Arbeitsblätter für die kognitive Verhaltenstherapie

Datum: ____/____/______

Situation	
Erster Gedanke	
Gedankenfolgen	
Fordern Sie Ihren anfänglichen Gedanken heraus	
Negatives Denken	
Hintergrund	
Alternatives Denken	
Positiver Glaube und Affirmation	
Aktionsplan	
Verbesserung	

Dr es Notes: ____

____

Namen: ________________   Datum: ________   Signatur: ________

Arbeitsblätter für die kognitive Verhaltenstherapie

Datum: ____/____/______

Situation	
Erster Gedanke	
Gedankenfolgen	
Fordern Sie Ihren anfänglichen Gedanken heraus	
Negatives Denken	
Hintergrund	
Alternatives Denken	
Positiver Glaube und Affirmation	
Aktionsplan	
Verbesserung	

Dr es Notes: _______________________________________

____

Namen: ______________ Datum: ______________ Signatur: ______________

Arbeitsblätter für die kognitive Verhaltenstherapie

Datum: _____/_____/_______

Situation	
Erster Gedanke	
Gedankenfolgen	
Fordern Sie Ihren anfänglichen Gedanken heraus	
Negatives Denken	
Hintergrund	
Alternatives Denken	
Positiver Glaube und Affirmation	
Aktionsplan	
Verbesserung	

Dr es Notes: ____

____

Namen: _______________   Datum: _______________   Signatur: _______________

Arbeitsblätter für die kognitive Verhaltenstherapie

Datum: _____/_____/_______

Situation	
Erster Gedanke	
Gedankenfolgen	
Fordern Sie Ihren anfänglichen Gedanken heraus	
Negatives Denken	
Hintergrund	
Alternatives Denken	
Positiver Glaube und Affirmation	
Aktionsplan	
Verbesserung	

Dr es Notes: ____

____

Namen: ______________ Datum: ______________ Signatur: ______________

Arbeitsblätter für die kognitive Verhaltenstherapie

Datum: _____ / _____ / ________

Situation	
Erster Gedanke	
Gedankenfolgen	
Fordern Sie Ihren anfänglichen Gedanken heraus	
Negatives Denken	
Hintergrund	
Alternatives Denken	
Positiver Glaube und Affirmation	
Aktionsplan	
Verbesserung	

Dr es Notes: ____

____

Namen: ____________ Datum: ____________ Signatur: ____________

Arbeitsblätter für die kognitive Verhaltenstherapie

Datum: ____/____/______

Situation	
Erster Gedanke	
Gedankenfolgen	
Fordern Sie Ihren anfänglichen Gedanken heraus	
Negatives Denken	
Hintergrund	
Alternatives Denken	
Positiver Glaube und Affirmation	
Aktionsplan	
Verbesserung	

Dr es Notes: ____

____

Namen: ________   Datum: ________   Signatur: ________

Arbeitsblätter für die kognitive Verhaltenstherapie

Datum: _____ / _____ / _______

Situation	
Erster Gedanke	
Gedankenfolgen	
Fordern Sie Ihren anfänglichen Gedanken heraus	
Negatives Denken	
Hintergrund	
Alternatives Denken	
Positiver Glaube und Affirmation	
Aktionsplan	
Verbesserung	

Dr es Notes: ____

____

Namen: _____________   Datum: _____________   Signatur: _____________

Arbeitsblätter für die kognitive Verhaltenstherapie

Datum: ____ / ____ / ______

Situation	
Erster Gedanke	
Gedankenfolgen	
Fordern Sie Ihren anfänglichen Gedanken heraus	
Negatives Denken	
Hintergrund	
Alternatives Denken	
Positiver Glaube und Affirmation	
Aktionsplan	
Verbesserung	

Dr es Notes: ____

____

Namen: _____________ Datum: _____________ Signatur: _____________

Arbeitsblätter für die kognitive Verhaltenstherapie

Datum: ____/____/______

Situation	
Erster Gedanke	
Gedankenfolgen	
Fordern Sie Ihren anfänglichen Gedanken heraus	
Negatives Denken	
Hintergrund	
Alternatives Denken	
Positiver Glaube und Affirmation	
Aktionsplan	
Verbesserung	

Dr es Notes: _______________________________________

____

Namen: _____________ Datum: _____________ Signatur: _____________

Arbeitsblätter für die kognitive Verhaltenstherapie

Datum: _____/_____/______

Situation	
Erster Gedanke	
Gedankenfolgen	
Fordern Sie Ihren anfänglichen Gedanken heraus	
Negatives Denken	
Hintergrund	
Alternatives Denken	
Positiver Glaube und Affirmation	
Aktionsplan	
Verbesserung	

Dr es Notes: _______________________________________

____

Namen: _______ Datum: _______ Signatur: _______

Arbeitsblätter für die kognitive Verhaltenstherapie

Datum: _____/_____/_______

Situation	
Erster Gedanke	
Gedankenfolgen	
Fordern Sie Ihren anfänglichen Gedanken heraus	
Negatives Denken	
Hintergrund	
Alternatives Denken	
Positiver Glaube und Affirmation	
Aktionsplan	
Verbesserung	

Dr es Notes: __________________________________

____

Namen: ______________   Datum: ______________   Signatur: ______________

Arbeitsblätter für die kognitive Verhaltenstherapie

Datum: ____/____/______

Situation	
Erster Gedanke	
Gedankenfolgen	
Fordern Sie Ihren anfänglichen Gedanken heraus	
Negatives Denken	
Hintergrund	
Alternatives Denken	
Positiver Glaube und Affirmation	
Aktionsplan	
Verbesserung	

Dr es Notes: ____

____

Namen: ______________ Datum: ______________ Signatur: ______________

Arbeitsblätter für die kognitive Verhaltenstherapie

Datum: _____/_____/_______

Situation	
Erster Gedanke	
Gedankenfolgen	
Fordern Sie Ihren anfänglichen Gedanken heraus	
Negatives Denken	
Hintergrund	
Alternatives Denken	
Positiver Glaube und Affirmation	
Aktionsplan	
Verbesserung	

Dr es Notes: ____

____

Namen: ______________   Datum: ______________   Signatur: ______________

Arbeitsblätter für die kognitive Verhaltenstherapie

Datum: _____/_____/______

Situation	
Erster Gedanke	
Gedankenfolgen	
Fordern Sie Ihren anfänglichen Gedanken heraus	
Negatives Denken	
Hintergrund	
Alternatives Denken	
Positiver Glaube und Affirmation	
Aktionsplan	
Verbesserung	

Dr es Notes: ____

____

Namen: Datum: Signatur:

____

Arbeitsblätter für die kognitive Verhaltenstherapie

Datum: _____/_____/_______

Situation	
Erster Gedanke	
Gedankenfolgen	
Fordern Sie Ihren anfänglichen Gedanken heraus	
Negatives Denken	
Hintergrund	
Alternatives Denken	
Positiver Glaube und Affirmation	
Aktionsplan	
Verbesserung	

Dr es Notes: ____

____

Namen: ___________ Datum: ___________ Signatur: ___________

Arbeitsblätter für die kognitive Verhaltenstherapie

Datum: _____/_____/_______

Situation	
Erster Gedanke	
Gedankenfolgen	
Fordern Sie Ihren anfänglichen Gedanken heraus	
Negatives Denken	
Hintergrund	
Alternatives Denken	
Positiver Glaube und Affirmation	
Aktionsplan	
Verbesserung	

Dr es Notes: ____

____

Namen: _______________   Datum: _______________   Signatur: _______________

Arbeitsblätter für die kognitive Verhaltenstherapie

Datum: _____/_____/_______

Situation	
Erster Gedanke	
Gedankenfolgen	
Fordern Sie Ihren anfänglichen Gedanken heraus	
Negatives Denken	
Hintergrund	
Alternatives Denken	
Positiver Glaube und Affirmation	
Aktionsplan	
Verbesserung	

Dr es Notes: ____

____

Namen: _______________ Datum: _______________ Signatur: _______________

Arbeitsblätter für die kognitive Verhaltenstherapie

Datum: ____/____/______

Situation	
Erster Gedanke	
Gedankenfolgen	
Fordern Sie Ihren anfänglichen Gedanken heraus	
Negatives Denken	
Hintergrund	
Alternatives Denken	
Positiver Glaube und Affirmation	
Aktionsplan	
Verbesserung	

Dr es Notes: ____

____

Namen: ___________   Datum: ___________   Signatur: ___________

Arbeitsblätter für die kognitive Verhaltenstherapie

Datum: ____/____/______

Situation	
Erster Gedanke	
Gedankenfolgen	
Fordern Sie Ihren anfänglichen Gedanken heraus	
Negatives Denken	
Hintergrund	
Alternatives Denken	
Positiver Glaube und Affirmation	
Aktionsplan	
Verbesserung	

Dr es Notes: ____

____

Namen: ______________ Datum: ______________ Signatur: ______________

Arbeitsblätter für die kognitive Verhaltenstherapie

Datum: ____/____/______

Situation	
Erster Gedanke	
Gedankenfolgen	
Fordern Sie Ihren anfänglichen Gedanken heraus	
Negatives Denken	
Hintergrund	
Alternatives Denken	
Positiver Glaube und Affirmation	
Aktionsplan	
Verbesserung	

Dr es Notes: ____

____

Namen: ______________   Datum: ______________   Signatur: ______________

Arbeitsblätter für die kognitive Verhaltenstherapie

Datum: _____ / _____ / _______

Situation	
Erster Gedanke	
Gedankenfolgen	
Fordern Sie Ihren anfänglichen Gedanken heraus	
Negatives Denken	
Hintergrund	
Alternatives Denken	
Positiver Glaube und Affirmation	
Aktionsplan	
Verbesserung	

Dr es Notes: ____

____

Namen: _______________ Datum: _______________ Signatur: _______________

Arbeitsblätter für die kognitive Verhaltenstherapie

Datum: _____/_____/_______

Situation	
Erster Gedanke	
Gedankenfolgen	
Fordern Sie Ihren anfänglichen Gedanken heraus	
Negatives Denken	
Hintergrund	
Alternatives Denken	
Positiver Glaube und Affirmation	
Aktionsplan	
Verbesserung	

Dr es Notes: ____

____

Namen: _______ Datum: _______ Signatur: _______

Arbeitsblätter für die kognitive Verhaltenstherapie

Datum: _____/_____/______

Situation	
Erster Gedanke	
Gedankenfolgen	
Fordern Sie Ihren anfänglichen Gedanken heraus	
Negatives Denken	
Hintergrund	
Alternatives Denken	
Positiver Glaube und Affirmation	
Aktionsplan	
Verbesserung	

Dr es Notes: ____

____

Namen: _______________ Datum: _______________ Signatur: _______________

Arbeitsblätter für die kognitive Verhaltenstherapie

Datum: _____/_____/______

Situation	
Erster Gedanke	
Gedankenfolgen	
Fordern Sie Ihren anfänglichen Gedanken heraus	
Negatives Denken	
Hintergrund	
Alternatives Denken	
Positiver Glaube und Affirmation	
Aktionsplan	
Verbesserung	

Dr es Notes: ____

____

Namen: ___________ Datum: ___________ Signatur: ___________

____

Arbeitsblätter für die kognitive Verhaltenstherapie

Datum: ____/____/______

Situation	
Erster Gedanke	
Gedankenfolgen	
Fordern Sie Ihren anfänglichen Gedanken heraus	
Negatives Denken	
Hintergrund	
Alternatives Denken	
Positiver Glaube und Affirmation	
Aktionsplan	
Verbesserung	

Dr es Notes: ____

____

Namen: ______________   Datum: ______________   Signatur: ______________

Arbeitsblätter für die kognitive Verhaltenstherapie

Datum: _____/_____/______

Situation	
Erster Gedanke	
Gedankenfolgen	
Fordern Sie Ihren anfänglichen Gedanken heraus	
Negatives Denken	
Hintergrund	
Alternatives Denken	
Positiver Glaube und Affirmation	
Aktionsplan	
Verbesserung	

Dr es Notes: _______________________________________

____

Namen: _______________ Datum: _______________ Signatur: _______________

Arbeitsblätter für die kognitive Verhaltenstherapie

Datum: _____/_____/______

Situation	
Erster Gedanke	
Gedankenfolgen	
Fordern Sie Ihren anfänglichen Gedanken heraus	
Negatives Denken	
Hintergrund	
Alternatives Denken	
Positiver Glaube und Affirmation	
Aktionsplan	
Verbesserung	

Dr es Notes: ____

____

Namen: ________________   Datum: ________________   Signatur: ________________

Arbeitsblätter für die kognitive Verhaltenstherapie

Datum: _____/_____/_______

Situation	
Erster Gedanke	
Gedankenfolgen	
Fordern Sie Ihren anfänglichen Gedanken heraus	
Negatives Denken	
Hintergrund	
Alternatives Denken	
Positiver Glaube und Affirmation	
Aktionsplan	
Verbesserung	

Dr es Notes: ____

____

Namen: _______________ Datum: _______________ Signatur: _______________

Arbeitsblätter für die kognitive Verhaltenstherapie

Datum: _____ / _____ / _______

Situation	
Erster Gedanke	
Gedankenfolgen	
Fordern Sie Ihren anfänglichen Gedanken heraus	
Negatives Denken	
Hintergrund	
Alternatives Denken	
Positiver Glaube und Affirmation	
Aktionsplan	
Verbesserung	

Dr es Notes: ____

____

Namen: ___________   Datum: ___________   Signatur: ___________

Arbeitsblätter für die kognitive Verhaltenstherapie

Datum: _____/_____/______

Situation	
Erster Gedanke	
Gedankenfolgen	
Fordern Sie Ihren anfänglichen Gedanken heraus	
Negatives Denken	
Hintergrund	
Alternatives Denken	
Positiver Glaube und Affirmation	
Aktionsplan	
Verbesserung	

Dr es Notes: ____

____

Namen: _______________   Datum: _______________   Signatur: _______________

Arbeitsblätter für die kognitive Verhaltenstherapie

Datum: ____ / ____ / ______

Situation	
Erster Gedanke	
Gedankenfolgen	
Fordern Sie Ihren anfänglichen Gedanken heraus	
Negatives Denken	
Hintergrund	
Alternatives Denken	
Positiver Glaube und Affirmation	
Aktionsplan	
Verbesserung	

Dr es Notes: ____

____

Namen: ________________   Datum: ________   Signatur: ________

Arbeitsblätter für die kognitive Verhaltenstherapie

Datum: _____ / _____ / _______

Situation	
Erster Gedanke	
Gedankenfolgen	
Fordern Sie Ihren anfänglichen Gedanken heraus	
Negatives Denken	
Hintergrund	
Alternatives Denken	
Positiver Glaube und Affirmation	
Aktionsplan	
Verbesserung	

Dr es Notes: ____

____

Namen: ________________ Datum: ________________ Signatur: ________________

Arbeitsblätter für die kognitive Verhaltenstherapie

Datum: ____/____/______

Situation	
Erster Gedanke	
Gedankenfolgen	
Fordern Sie Ihren anfänglichen Gedanken heraus	
Negatives Denken	
Hintergrund	
Alternatives Denken	
Positiver Glaube und Affirmation	
Aktionsplan	
Verbesserung	

Dr es Notes: ____

____

Namen: ___________ Datum: ___________ Signatur: ___________

Arbeitsblätter für die kognitive Verhaltenstherapie

Datum: _____/_____/______

Situation	
Erster Gedanke	
Gedankenfolgen	
Fordern Sie Ihren anfänglichen Gedanken heraus	
Negatives Denken	
Hintergrund	
Alternatives Denken	
Positiver Glaube und Affirmation	
Aktionsplan	
Verbesserung	

Dr es Notes: ____

____

Namen: _______________   Datum: _______________   Signatur: _______________

Arbeitsblätter für die kognitive Verhaltenstherapie

Datum: ____/____/______

Situation	
Erster Gedanke	
Gedankenfolgen	
Fordern Sie Ihren anfänglichen Gedanken heraus	
Negatives Denken	
Hintergrund	
Alternatives Denken	
Positiver Glaube und Affirmation	
Aktionsplan	
Verbesserung	

Dr es Notes: _______________________________________

____

Namen: ______________   Datum: ______________   Signatur: ______________

Arbeitsblätter für die kognitive Verhaltenstherapie

Datum: _____/_____/______

Situation	
Erster Gedanke	
Gedankenfolgen	
Fordern Sie Ihren anfänglichen Gedanken heraus	
Negatives Denken	
Hintergrund	
Alternatives Denken	
Positiver Glaube und Affirmation	
Aktionsplan	
Verbesserung	

Dr es Notes: ____

____

Namen: ______________   Datum: ______________   Signatur: ______________

Arbeitsblätter für die kognitive Verhaltenstherapie

Datum: _____/_____/______

Situation	
Erster Gedanke	
Gedankenfolgen	
Fordern Sie Ihren anfänglichen Gedanken heraus	
Negatives Denken	
Hintergrund	
Alternatives Denken	
Positiver Glaube und Affirmation	
Aktionsplan	
Verbesserung	

Dr es Notes: ____

____

Namen: _______________   Datum: _______________   Signatur: _______________

Arbeitsblätter für die kognitive Verhaltenstherapie

Datum: _____/_____/______

Situation	
Erster Gedanke	
Gedankenfolgen	
Fordern Sie Ihren anfänglichen Gedanken heraus	
Negatives Denken	
Hintergrund	
Alternatives Denken	
Positiver Glaube und Affirmation	
Aktionsplan	
Verbesserung	

Dr es Notes: ____

____

Namen: _______________ Datum: _______________ Signatur: _______________

Arbeitsblätter für die kognitive Verhaltenstherapie

Datum: ____/____/______

Situation	
Erster Gedanke	
Gedankenfolgen	
Fordern Sie Ihren anfänglichen Gedanken heraus	
Negatives Denken	
Hintergrund	
Alternatives Denken	
Positiver Glaube und Affirmation	
Aktionsplan	
Verbesserung	

Dr es Notes: ____

____

Namen: ________________ Datum: ________ Signatur: ________

Arbeitsblätter für die kognitive Verhaltenstherapie

Datum: _____/_____/_______

Situation	
Erster Gedanke	
Gedankenfolgen	
Fordern Sie Ihren anfänglichen Gedanken heraus	
Negatives Denken	
Hintergrund	
Alternatives Denken	
Positiver Glaube und Affirmation	
Aktionsplan	
Verbesserung	

Dr es Notes: ____

____

Namen: _______________   Datum: _______________   Signatur: _______________

Arbeitsblätter für die kognitive Verhaltenstherapie

Datum: _____/_____/______

Situation	
Erster Gedanke	
Gedankenfolgen	
Fordern Sie Ihren anfänglichen Gedanken heraus	
Negatives Denken	
Hintergrund	
Alternatives Denken	
Positiver Glaube und Affirmation	
Aktionsplan	
Verbesserung	

Dr es Notes: ____

____

Namen: _______________ Datum: _______________ Signatur: _______________

Arbeitsblätter für die kognitive Verhaltenstherapie

Datum: ____/____/______

Situation	
Erster Gedanke	
Gedankenfolgen	
Fordern Sie Ihren anfänglichen Gedanken heraus	
Negatives Denken	
Hintergrund	
Alternatives Denken	
Positiver Glaube und Affirmation	
Aktionsplan	
Verbesserung	

Dr es Notes: ____

____

Namen: _______________ Datum: _______________ Signatur: _______________

Arbeitsblätter für die kognitive Verhaltenstherapie

Datum: _____/_____/______

Situation	
Erster Gedanke	
Gedankenfolgen	
Fordern Sie Ihren anfänglichen Gedanken heraus	
Negatives Denken	
Hintergrund	
Alternatives Denken	
Positiver Glaube und Affirmation	
Aktionsplan	
Verbesserung	

Dr es Notes: ____

____

Namen: ______________   Datum: ______________   Signatur: ______________

Arbeitsblätter für die kognitive Verhaltenstherapie

Datum: _____/_____/______

Situation	
Erster Gedanke	
Gedankenfolgen	
Fordern Sie Ihren anfänglichen Gedanken heraus	
Negatives Denken	
Hintergrund	
Alternatives Denken	
Positiver Glaube und Affirmation	
Aktionsplan	
Verbesserung	

Dr es Notes: ____

____

Namen: _______________   Datum: _______________   Signatur: _______________

Arbeitsblätter für die kognitive Verhaltenstherapie

Datum: _____/_____/______

Situation	
Erster Gedanke	
Gedankenfolgen	
Fordern Sie Ihren anfänglichen Gedanken heraus	
Negatives Denken	
Hintergrund	
Alternatives Denken	
Positiver Glaube und Affirmation	
Aktionsplan	
Verbesserung	

Dr es Notes: ____

____

Namen: ______________ Datum: ______________ Signatur: ______________

Arbeitsblätter für die kognitive Verhaltenstherapie

Datum: _____/_____/_______

Situation	
Erster Gedanke	
Gedankenfolgen	
Fordern Sie Ihren anfänglichen Gedanken heraus	
Negatives Denken	
Hintergrund	
Alternatives Denken	
Positiver Glaube und Affirmation	
Aktionsplan	
Verbesserung	

Dr es Notes: ____

____

Namen: _______________ Datum: _______________ Signatur: _______________

Arbeitsblätter für die kognitive Verhaltenstherapie

Datum: _____/_____/______

Situation	
Erster Gedanke	
Gedankenfolgen	
Fordern Sie Ihren anfänglichen Gedanken heraus	
Negatives Denken	
Hintergrund	
Alternatives Denken	
Positiver Glaube und Affirmation	
Aktionsplan	
Verbesserung	

Dr es Notes: ____

____

Namen: _______________   Datum: _______________   Signatur: _______________

Arbeitsblätter für die kognitive Verhaltenstherapie

Datum: _____/_____/______

Situation	
Erster Gedanke	
Gedankenfolgen	
Fordern Sie Ihren anfänglichen Gedanken heraus	
Negatives Denken	
Hintergrund	
Alternatives Denken	
Positiver Glaube und Affirmation	
Aktionsplan	
Verbesserung	

Dr es Notes: ____

____

Namen: ___________ Datum: ___________ Signatur: ___________

Arbeitsblätter für die kognitive Verhaltenstherapie

Datum: ____/____/______

Situation	
Erster Gedanke	
Gedankenfolgen	
Fordern Sie Ihren anfänglichen Gedanken heraus	
Negatives Denken	
Hintergrund	
Alternatives Denken	
Positiver Glaube und Affirmation	
Aktionsplan	
Verbesserung	

Dr es Notes: ____

____

Namen: ______________   Datum: ______________   Signatur: ______________

Arbeitsblätter für die kognitive Verhaltenstherapie

Datum: _____/_____/_______

Situation	
Erster Gedanke	
Gedankenfolgen	
Fordern Sie Ihren anfänglichen Gedanken heraus	
Negatives Denken	
Hintergrund	
Alternatives Denken	
Positiver Glaube und Affirmation	
Aktionsplan	
Verbesserung	

Dr es Notes: ____

____

Namen: ________________ Datum: ________________ Signatur: ________________

Arbeitsblätter für die kognitive Verhaltenstherapie

Datum: ____/____/______

Situation	
Erster Gedanke	
Gedankenfolgen	
Fordern Sie Ihren anfänglichen Gedanken heraus	
Negatives Denken	
Hintergrund	
Alternatives Denken	
Positiver Glaube und Affirmation	
Aktionsplan	
Verbesserung	

Dr es Notes: ____

____

Namen: ________________ Datum: _________ Signatur: _________

Arbeitsblätter für die kognitive Verhaltenstherapie

Datum: ____/____/______

Situation	
Erster Gedanke	
Gedankenfolgen	
Fordern Sie Ihren anfänglichen Gedanken heraus	
Negatives Denken	
Hintergrund	
Alternatives Denken	
Positiver Glaube und Affirmation	
Aktionsplan	
Verbesserung	

Dr es Notes: ____

____

Namen: ___________ Datum: ___________ Signatur: ___________

Arbeitsblätter für die kognitive Verhaltenstherapie

Datum: ______/______/________

Situation	
Erster Gedanke	
Gedankenfolgen	
Fordern Sie Ihren anfänglichen Gedanken heraus	
Negatives Denken	
Hintergrund	
Alternatives Denken	
Positiver Glaube und Affirmation	
Aktionsplan	
Verbesserung	

Dr es Notes: ____

____

Namen: _____________   Datum: _____________   Signatur: _____________

Arbeitsblätter für die kognitive Verhaltenstherapie

Datum: ____/____/______

Situation	
Erster Gedanke	
Gedankenfolgen	
Fordern Sie Ihren anfänglichen Gedanken heraus	
Negatives Denken	
Hintergrund	
Alternatives Denken	
Positiver Glaube und Affirmation	
Aktionsplan	
Verbesserung	

Dr es Notes: ____

____

Namen: _______________ Datum: _______________ Signatur: _______________

Arbeitsblätter für die kognitive Verhaltenstherapie

Datum: ____/____/_____

Situation	
Erster Gedanke	
Gedankenfolgen	
Fordern Sie Ihren anfänglichen Gedanken heraus	
Negatives Denken	
Hintergrund	
Alternatives Denken	
Positiver Glaube und Affirmation	
Aktionsplan	
Verbesserung	

Dr es Notes: ____________________________________

____

Namen: ______________ Datum: ______________ Signatur: __________

Arbeitsblätter für die kognitive Verhaltenstherapie

Datum: _____/_____/_______

Situation	
Erster Gedanke	
Gedankenfolgen	
Fordern Sie Ihren anfänglichen Gedanken heraus	
Negatives Denken	
Hintergrund	
Alternatives Denken	
Positiver Glaube und Affirmation	
Aktionsplan	
Verbesserung	

Dr es Notes: ____

____

Namen: _______________ Datum: _______________ Signatur: _______________

Arbeitsblätter für die kognitive Verhaltenstherapie

Datum: _____/_____/______

Situation	
Erster Gedanke	
Gedankenfolgen	
Fordern Sie Ihren anfänglichen Gedanken heraus	
Negatives Denken	
Hintergrund	
Alternatives Denken	
Positiver Glaube und Affirmation	
Aktionsplan	
Verbesserung	

Dr es Notes: ____

____

Namen: _______________   Datum: _______________   Signatur: _______________

Arbeitsblätter für die kognitive Verhaltenstherapie

Datum: _____ / _____ / _______

Situation	
Erster Gedanke	
Gedankenfolgen	
Fordern Sie Ihren anfänglichen Gedanken heraus	
Negatives Denken	
Hintergrund	
Alternatives Denken	
Positiver Glaube und Affirmation	
Aktionsplan	
Verbesserung	

Dr es Notes: ____

____

Namen: ______________ Datum: ______________ Signatur: ______________

Arbeitsblätter für die kognitive Verhaltenstherapie

Datum: _____/_____/______

Situation	
Erster Gedanke	
Gedankenfolgen	
Fordern Sie Ihren anfänglichen Gedanken heraus	
Negatives Denken	
Hintergrund	
Alternatives Denken	
Positiver Glaube und Affirmation	
Aktionsplan	
Verbesserung	

Dr es Notes: ____

____

Namen: _______________ Datum: _______________ Signatur: _______________

Arbeitsblätter für die kognitive Verhaltenstherapie

Datum: _____/_____/_______

Situation	
Erster Gedanke	
Gedankenfolgen	
Fordern Sie Ihren anfänglichen Gedanken heraus	
Negatives Denken	
Hintergrund	
Alternatives Denken	
Positiver Glaube und Affirmation	
Aktionsplan	
Verbesserung	

Dr es Notes: ____

____

Namen: ___________   Datum: ___________   Signatur: ___________

Arbeitsblätter für die kognitive Verhaltenstherapie

Datum: ____/____/______

Situation	
Erster Gedanke	
Gedankenfolgen	
Fordern Sie Ihren anfänglichen Gedanken heraus	
Negatives Denken	
Hintergrund	
Alternatives Denken	
Positiver Glaube und Affirmation	
Aktionsplan	
Verbesserung	

Dr es Notes: ____

____

Namen: ______________   Datum: ______________   Signatur: ______________

Arbeitsblätter für die kognitive Verhaltenstherapie

Datum: _____/_____/_______

Situation	
Erster Gedanke	
Gedankenfolgen	
Fordern Sie Ihren anfänglichen Gedanken heraus	
Negatives Denken	
Hintergrund	
Alternatives Denken	
Positiver Glaube und Affirmation	
Aktionsplan	
Verbesserung	

Dr es Notes: ____

____

Namen: ______________ Datum: ______________ Signatur: ______________

Arbeitsblätter für die kognitive Verhaltenstherapie

Datum: _____/_____/______

Situation	
Erster Gedanke	
Gedankenfolgen	
Fordern Sie Ihren anfänglichen Gedanken heraus	
Negatives Denken	
Hintergrund	
Alternatives Denken	
Positiver Glaube und Affirmation	
Aktionsplan	
Verbesserung	

Dr es Notes: ____

____

Namen: ______________   Datum: ______________   Signatur: ______________

Arbeitsblätter für die kognitive Verhaltenstherapie

Datum: _____/_____/______

Situation	
Erster Gedanke	
Gedankenfolgen	
Fordern Sie Ihren anfänglichen Gedanken heraus	
Negatives Denken	
Hintergrund	
Alternatives Denken	
Positiver Glaube und Affirmation	
Aktionsplan	
Verbesserung	

Dr es Notes: ____

____

Namen: ___________   Datum: ___________   Signatur: ___________

Arbeitsblätter für die kognitive Verhaltenstherapie

Datum: _____/_____/_______

Situation	
Erster Gedanke	
Gedankenfolgen	
Fordern Sie Ihren anfänglichen Gedanken heraus	
Negatives Denken	
Hintergrund	
Alternatives Denken	
Positiver Glaube und Affirmation	
Aktionsplan	
Verbesserung	

Dr es Notes: ____

____

Namen: ______________   Datum: ______________   Signatur: ______________